DU CÔTÉ DE CHEZ POJE

LA BELLE ET LA BIÈRE

Scénario : Raoul Cauvin - Dessin : Louis-Michel Carpentier
Couleurs : Laurent

DUPUIS

Dépôt légal : mars 2005 — D.2005/0089/28
ISBN 2-8001-3641-3
© Dupuis, 2005.
Tous droits réservés.
Imprimé en Belgique.

www.dupuis.com

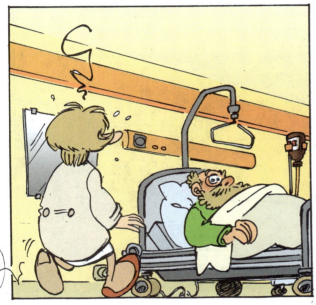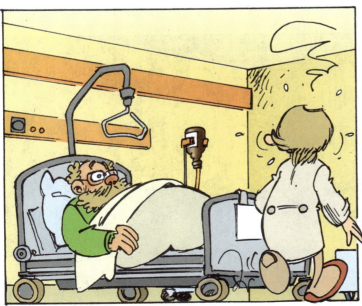

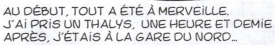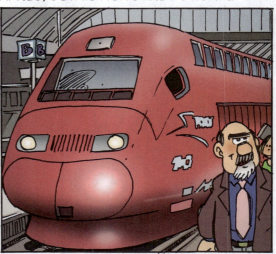

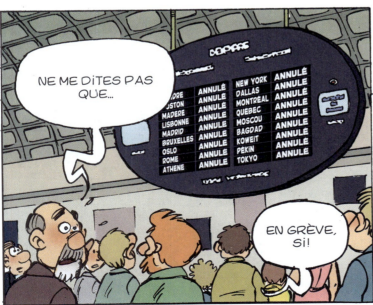

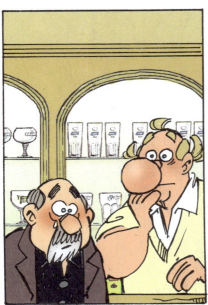

IL EST VRAI QU'EN TEMPS NORMAL, ILS SONT DIFFICILEMENT ACCESSIBLES. SI ON LES CROISE PARFOIS, C'EST DE LOIN, LE CUL BIEN CALÉ SUR LA BANQUETTE ARRIÈRE DE LEUR LIMOUSINE, VOUS POUVEZ TOUJOURS COURIR POUR QU'ILS DAIGNENT VOUS ACCORDER UN REGARD.